O FUTURO É O COMEÇO

O FUTURO É O COMEÇO

OS ENSINAMENTOS DE BOB MARLEY POR ELE MESMO

INTRODUÇÃO DE
CEDELLA MARLEY

ORGANIZADO POR
GERALD HAUSMAN

Tradução: Ana Carolina Mesquita

1ª edição

Rio de Janeiro | 2013

CIP-BRASIL. CATALOGAÇÃO NA FONTE
SINDICATO NACIONAL DOS EDITORES DE LIVROS, RJ

Marley, Bob, 1945-1981
M298f   O futuro é o começo / Bob Marley; introdução de
Cedella Marley; organizado por Gerald Hausman; tradução: Ana
Carolina Mesquita. - Rio de Janeiro: BestSeller, 2013.

Tradução de: The Future is The Beginning – The Words and
Wisdom of Bob Marley
ISBN 978-85-7684-573-7

1. Marley, Bob, 1945-1981 - Citações. 2.
Cantores - Jamaica. 3. Reggae - Jamaica. I. Título.

12-1461.   CDD: 782.421646
                                      CDU: 78.067.26

Texto revisado segundo o novo Acordo Ortográfico da Língua Portuguesa.

Título original norte-americano
THE FUTURE IS THE BEGINNING
Copyright © 2011 by Tuff Gong Books
Copyright da tradução © 2013 by Editora Best Seller Ltda.

Publicado mediante acordo com Harmony Books, um selo da Crown
Publishing Group, uma divisão da Random House, Inc.

Capa: Gabinete de Artes
Editoração eletrônica: Ilustrarte Design e Produção Editorial

Todos os direitos reservados. Proibida a reprodução,
no todo ou em parte, sem autorização prévia por escrito da editora,
sejam quais forem os meios empregados.

Direitos exclusivos de publicação em língua portuguesa para o Brasil
adquiridos pela
EDITORA BEST SELLER LTDA.
Rua Argentina, 171, parte, São Cristóvão
Rio de Janeiro, RJ – 20921-380
que se reserva a propriedade literária desta tradução

Impresso no Brasil

ISBN 978-85-7684-573-7

Seja um leitor preferencial Record.
Cadastre-se e receba informações sobre nossos lançamentos e nossas promoções.

Atendimento e venda direta ao leitor
mdireto@record.com.br ou (21) 2585-2002

SUMÁRIO

Introdução
7

Nota do organizador
11

Bob conversa com você
15

INTRODUÇÃO

MEU PAI AFIRMOU muitas coisas a diferentes pessoas. Normalmente, quando concedia uma entrevista, ele falava consigo mesmo, conversava com o mundo, mas não precisava de uma pergunta para começar o assunto — meu pai já estava conectado.

Mas ele estava sempre no número 56 da Hope Road, às vezes sentado, às vezes chutando uma bola de futebol, às vezes cuidando das abelhas ou observando o mel produzido por elas.

Há um balanço nos fundos da Island House, como a casa era chamada na época, e meu pai costumava se sentar ali com uma das pernas dobrada para cima para dar entrevistas à sombra das árvores. Também era comum vê-lo deitado no capô do carro, com o corpo esparramado, à vontade, sorrindo, conversando, respondendo às perguntas.

As respostas dele sempre vinham direto do coração, sob as estrelas ou a lua, ou ditas de modo direto, à

INTRODUÇÃO

luz do dia. A qualquer hora, em qualquer lugar. Ele estava lá, do modo como o víamos, como ele era. Sem máscaras de homem bonzinho. Era o homem que foi um garoto da cidade interiorana de Nine Mile, neto de um fazendeiro de St. Ann, que amava a vida da mesma maneira que o pássaro ama o céu e o peixe ama o mar. Ele era um mundo em si. E dizia: "Vivo no mundo, mas não sou do mundo."

Meu pai não trabalhava pelo dinheiro ou pela fama. Trabalhava pela música. "O dinheiro", dizia ele, "é como a gordura que domina o coração de uma pessoa. Não quero ser um superstar. Só faço o que Deus me diz para fazer. Se preciso fazer alguma coisa, eu vou e faço."

A disposição dele para fazer o que precisava ser feito era algo surpreendente para muitas pessoas, principalmente nos anos 1970, quando o estrelato estava na ordem do dia e alguns artistas eram famosos apenas por serem famosos. Meu pai não se via assim. Por quê? Bem, como ele mesmo dizia: "Está me vendo? A primeira coisa que você precisa saber a meu respeito

INTRODUÇÃO

é que eu sempre defendo aquilo que eu acredito. A segunda coisa que você precisa saber quando me ouvir é que as palavras são muito enganadoras."

Meu pai falava palavras simples, as menos enganadoras de todas. Elas eram retiradas dos provérbios da Bíblia e também dos ditados populares do povo da Jamaica.

Certa vez ele afirmou: "A Jamaica é uma universidade para o mundo inteiro; um lugar onde a verdade pode ser revelada." Para ele, ela foi revelada, e sua sabedoria vem não apenas de suas músicas, mas também de suas palavras. Ele também disse que "não existe nenhum jeito doce de cantar as coisas. Você quase poderia dizê-las".

Ele falava quase cantado. Suas palavras muitas vezes eram ditas como versos. Ele era sábio para além da educação formal, para além da informação. A fonte do que ele sabia vinha da terra, e é por isso que às vezes referia-se a si mesmo primeiro como fazendeiro, depois como cantor.

INTRODUÇÃO

Acima de tudo, meu pai era um pensador da positividade. Não era uma reação dele às coisas. Era o modo como ele era: positivo.

Ele também era realista."A Babilônia cairá", dizia. "É verdade, tanta maldade precisa ter fim — mas quando?" Ele não dava nenhuma resposta acerca do tempo ou do momento, dizia apenas: "Pode levar muitos anos e talvez seja necessário que se derrame sangue. Mas a virtude um dia vai prevalecer."

Ele enxergava o futuro como o começo.

Aqui vai o que ele disse, exatamente como disse, naquele novo dia que está sempre nascendo hoje.

— *Cedella Marley*

NOTA DO ORGANIZADOR

ESTE LIVRO COMEÇOU como uma série de visitas no início dos anos 1980 quando, como professor de escrita criativa, levei meus alunos ao Bob Marley Museum, no número 56 da Hope Road, em Kingston. Subimos as escadas para o segundo andar e ali, no primeiro quarto aberto com grandes janelas que davam para a Hope Road, havia paredes e mais paredes cobertas com frases de Bob Marley, do chão ao teto.

Durante anos analisamos essas mensagens cheias de sentimento vindas da boca do poeta visionário, do filósofo da sabedoria, do primeiro superstar do terceiro mundo. Quem estampou aquele quarto do casarão foi Neville Garrick, grande amigo de Bob Marley, artista plástico e rastafári, que entendeu a importância de dedicar e decorar um quarto inteiro com as palavras de Bob.

As frases foram recortadas principalmente de entrevistas a jornais. E eram coladas diretamente nas paredes. Os jornais eram do início dos anos 1970 e, em

NOTA DO ORGANIZADOR

alguns casos, dos anos 1960. A tipografia tinha vida própria. Mas, dos milhares de visitantes que percorriam aqueles ambientes lendários todos os anos, poucos de fato liam os artigos, os recortes, as linhas de linotipo amareladas e envelhecidas que desbotavam ao sol primevo de Kingston filtrado através das persianas. As palavras do poeta haviam se tornado mais um design de aparência e forma do que um caminho para as frases sábias e as visões proféticas de um mestre. Os turistas se acotovelavam pelo museu, entretanto, Bob — vivo, falando-lhes das paredes —, não era lido pelos curiosos que abriam caminho de um cômodo a outro da casa. Eles olhavam, mas não escutavam.

Os anos se passaram, e um dia minha filha Mariah e eu perguntamos a Cedella se poderíamos ir ao museu registrar os recortes, gravá-los em fita, traduzir o patoá, transformá-los em livro. Cedella imediatamente aceitou a ideia, e então nossa família foi para Kingston e mergulhou no trabalho. As visitas guiadas aconteciam normalmente, enquanto nós nos esparramávamos pelo chão ou nos encarapitávamos com

NOTA DO ORGANIZADOR

cuidado em escadas dobráveis, transcrevendo, traduzindo, gravando. Mariah tirou fotos de cada um dos artigos de jornal e revista enquanto eu gravava as paredes falantes do número 56 da Hope Road, e foi assim que este livro começou. Sete anos depois, temos um livro despretensioso com os aforismos, a sabedoria, os ditos populares, a poesia e a franqueza de Bob Marley. Pode ser um livro pequeno, mas cobre uma ampla geografia do pensamento rastafári. Temos Bob como ele era, como ele é, como sempre será — conversando pessoalmente com você.

— Gerald Hausman

BOB CONVERSA COM VOCÊ

1

Sempre tive uma vida dura. Nem sequer conheci meu pai. Minha mãe fazia trabalhos domésticos por trinta *shillings* por semana. Tivemos de lutar muito. A Jamaica é uma universidade para o mundo inteiro; um lugar onde a verdade pode ser revelada. Mas o dinheiro na Jamaica é como um pedaço de gordura dominando o coração do povo. Não trabalho pelo dinheiro. Não quero ser um superstar. Só faço o que Deus me diz para fazer. Se preciso fazer alguma coisa, eu vou e faço. Gosto mais de mim quando apenas canto. É mais do que tentar cantar. Quando você canta algo de verdade, você não canta; você enxerga aquilo e quer dizer aquilo. Então não existe um jeito doce de cantar sobre aquilo. Você quase poderia dizê-lo.

O mundo virá, o mundo se move em direção à criação.

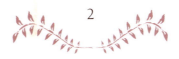

2

A professora, ela disse: "Quem sabe falar, fala; quem sabe fazer qualquer coisa, faz; quem sabe cantar, canta!" E eu canto. Tem gente que toca música pela diversão. Não sou o tipo de artista que toca por diversão. Não movo mundos e fundos para cantar a música dos outros. Sabe, não acredito em tendência ou moda. No que as pessoas chamam de soul music. Para mim, soul music é música que fala sobre a verdade. Precisa ter uma história humana relacionada a uma situação da vida real.

3

Toda vez que toco, sinto aquela inspiração nova. Então se alguém tenta nos imitar, podemos deixar o que estamos fazendo de lado e mudar de novo. Porque é isso o que fazemos ao longo dos anos. Sempre que compomos uma música, tentam nos imitar. Então mudamos. Como o ska, rock steady, reggae. Se eles vão longe demais e chamam isso de reggae, passamos para a música nyabinghi, a primeira música. Que significa morte aos opressores negros e brancos. Porém esse tipo de música vem do coração. Toda vez que escuta os tambores, você a escuta. Às vezes baixinho, às vezes amedrontadora. Você passa a reconhecê-la. Como da primeira vez em que ouvi os tambores rasta. Achei que alguma coisa terrível estava acontecendo comigo. Porque é algo que não entendemos. Mas é tão próximo de mim. Depois passamos a entender e tudo se torna natural de novo.

4

Rastafári quer dizer "criador supremo" — Deus. Saiba que todo mundo tem uma concepção diferente de Deus. Ele disse: "Todo joelho se dobrará e toda língua confessará, e não ficará pedra sobre pedra." Isso quer dizer que não importa a sua cor ou sua raça, você vai ter de se confessar à Sua Majestade Imperial, Deus, Alá. Graças a Deus, já passamos pelo pior. Veja, a música vem através da inspiração. Depois ela vai para o papel. Mas é alguém que me diz. A inspiração vem de Jah. É Jah quem diz que já passamos pelo pior. Não sou eu quem diz que já passamos pelo pior.

...it is one God make all people

5

Rasta é todo tipo de coisas. Justiça, amor, paz para toda a humanidade. O Deus que fez eu e eu[1] criou gente tecnicolor e criou a terra e todos os recursos. Sim, a pressão está aí. E tudo mais. Mas onde está a verdade? Como você pode se tornar verdadeiro? A única verdade é o rastafarianismo e os mandamentos de Deus. O julgamento aprisiona você. Porque a maior parte do que está acontecendo é julgamento. Acho que nada pode acontecer com um homem inocente de verdade. Deus fez uma profecia: aqueles que Ele ama são aqueles que O amam.

---

[1] Os rastafáris são monoteístas e cultuam o deus Jah, que enxergam na forma da Santíssima Trindade (Pai, Filho e Espírito Santo). Eles dizem que, na forma encarnada, Jah abriga os seres humanos, e por isso eles se referem a si mesmos como "I and I" (eu e eu). Essa forma é preferencial em relação a "nós" e usada para enfatizar a igualdade entre todas as pessoas, a partir do reconhecimento de que o divino que existe em nós nos iguala aos outros. (*N. da T.*)

...um só Deus fez todas as pessoas.

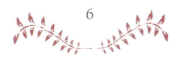

6

Se não tenho visão, não desejo compor. Deus pode dar e tirar. Pode arrebatar você também. Fui criado para ser rasta. Quando não era rasta, eu estava simplesmente crescendo. Todo mundo está em busca de alguma coisa. Talvez todo crescimento seja uma direção para a qual você tem de ir e encontrar [aquilo que busca]. Mas todo mundo busca. Quando busquei, encontrei o rastafarianismo. Aí percebi que sempre fui rasta. Aquele modo de vida era o que eu buscava há muito tempo. Não no sentido da alimentação e das roupas, mas no sentido de um modo de vida natural e espiritual e de união. Nunca gostei da igreja porque eles estão sempre brigando uns com os outros. Por isso precisei encontrar um caminho diferente. Ou, se não conseguisse encontrar, Deus não estaria ali. Então, quando encontrei o rastafarianismo, disse: sim!

7

Deus faz tudo do jeito que Ele deseja. E muita coisa nós não precisamos entender. Os ciclos do tempo. Sabe, o tempo muda. Porque Jah é o maior jogador de xadrez do mundo. Quando há pessoas que pensam de forma preconceituosa, elas tiram Deus do mundo. Não existe preconceito. Existe o certo e o errado. A coisa certa a fazer é positiva. Se eu odeio você, existe algo de errado comigo. Eu não posso ir a Zion, você não pode ir a Zion assim. Eu preciso amar você. Embora eu talvez não faça as coisas do mesmo jeito que você, preciso afastar todo o ódio de mim. Porque não se pode ir a Zion cheio de ódio.

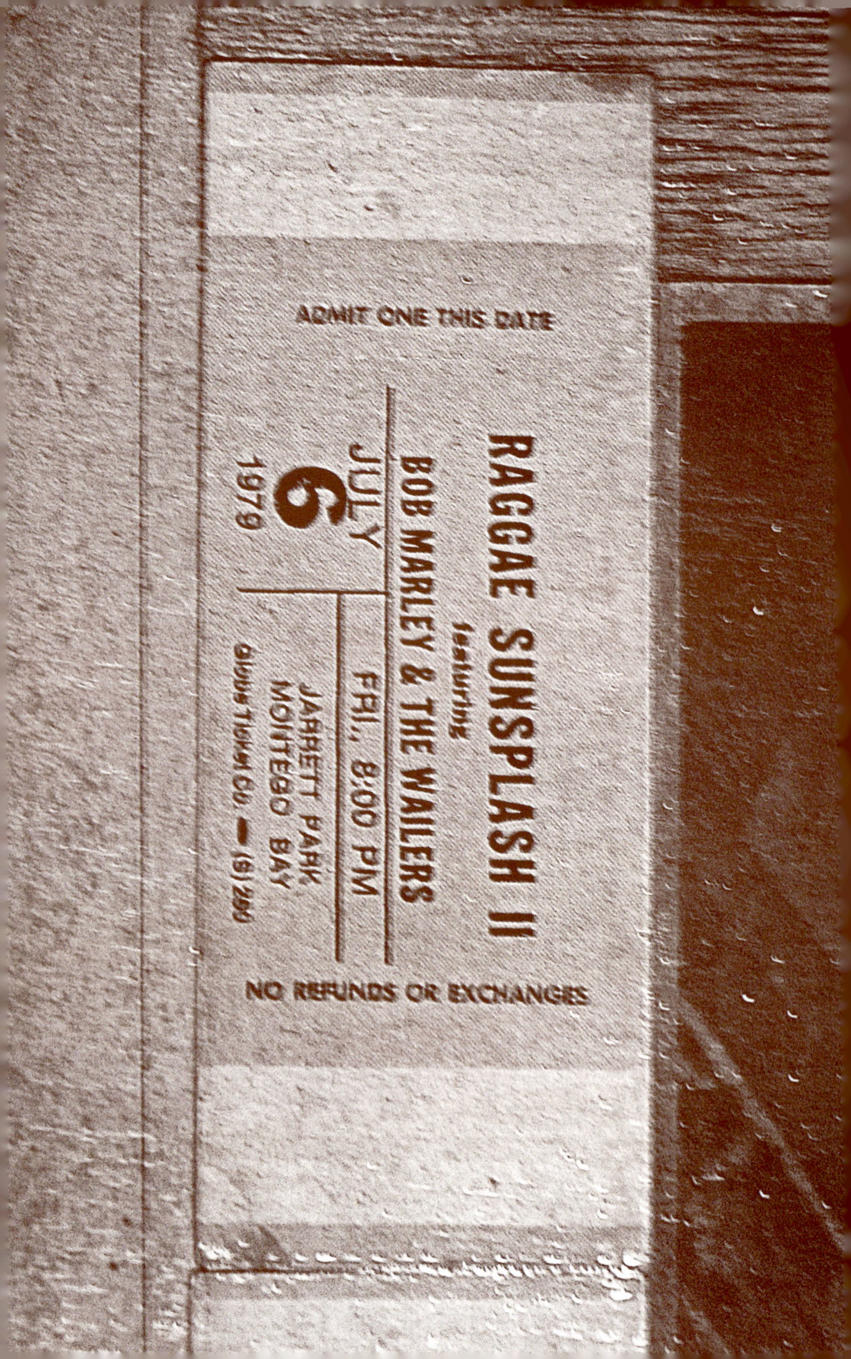

ADMIT ONE THIS DATE

RAGGAE SUNSPLASH II

featuring

BOB MARLEY & THE WAILERS

JULY 6 1979

FRI., 8:00 PM

JARRETT PARK
MONTEGO BAY

Globe Ticket Co. — (8) 266

NO REFUNDS OR EXCHANGES

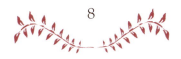

8

Não caio em cima de você com sangue e fogo, terremotos e raios, mas você precisa saber que dentro de mim tudo isso existe também... Imagine só se todos na Terra tivessem um dia para unir as mentes, independente de onde esteja a força, desde que seja positiva, e simplesmente meditar por uma hora nesse dia. E simplesmente viver de um jeito agradável com essa meditação agradável. Quer dizer, o clima seria bom, a poluição iria embora.

9

Depois de algum tempo comecei a pensar: "Bem, há trabalho a fazer." Preciso lidar com essa música que Deus me deu e assim ela poderá me conduzir. Então disse: "Certo, terremoto, pode vir." Mas se Deus me enviou, ele jamais enviaria um terremoto sobre mim. Então não é com esse destino com que me preocupo.

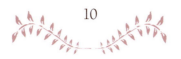

10

Todos os dias, minutos e horas, os rastas rezam, entende. Rezar é simplesmente falar, e, quando você fala, cada palavra que diz deve ser aceitável aos olhos de Deus.

Que as palavras da minha boca e a meditação do meu coração sejam aceitáveis.

Então, você não leva uma vida diferente e depois apela para a oração. Você faz questão de rezar continuamente, de modo que Deus concorde com cada palavra que você diz. Isso é oração. Existe outra oração através da qual você vai a um lugar tranquilo. E outra oração em que todo o seu coração começa a rezar através da sua boca. Quando você vive o rastafarianismo, tudo precisa se voltar para a paz e o amor. Para a união e solidariedade: a virtude.

A música pode levar você a qualquer lugar.

11

Fazemos a lua e as estrelas brilharem e o clima melhorar porque são as pessoas que causam tudo — é o povo de Deus que faz isso, a humanidade. Aí temos abundância de trigo e milho. E a humanidade sossegada na Terra. Eu amo plantar. Quero morar numa fazenda daqui algum tempo. Não quero morar num apartamento e ir a boates todas as noites e voltar, para depois fazer tudo de novo.

À noite, quando estamos no campo, o melhor é quando a chuva cai, sabe. Você só ouve a chuva tocar música nas folhas — *rtttt rtttt*. Sim, essa vida é doce. Dá para saber quando a chuva vai cair, as aves ficam agitadas e lubrificam as penas.

12

Está me vendo? A primeira coisa que você precisa saber a meu respeito é que sempre defendo aquilo que defendo. A segunda coisa que você precisa saber quando me ouvir é que as palavras são muito enganadoras. Então, quando você sabe o que eu defendo, quando explico algo a você, nunca tente interpretar de um jeito diferente daquele que eu defendo.

13

"Waiting in Vain"... bela música, cara. De muito tempo. É para quem nunca curtiu os Wailers de tempos atrás porque simplesmente não conseguia se identificar. Então o que eu fiz agora é uma canção como "Waiting in Vain", para que eles possam gostar e sintam vontade de saber o que está rolando.

14

Eu recarrego minhas energias de verdade na Etiópia. Porque essa música, "Zimbabwe", vem direto da Etiópia. Eu a compus numa cidade chamada Shashamane. Então você pode dizer que a recarga é total. E quando a canção sai... simplesmente sai. Então dá para imaginar que, se eu escrevesse todas as canções na Etiópia, praticamente todas as canções que eu compusesse iriam acontecer. Aí, talvez um dia alguém dissesse: "Caramba, ele é um profeta!"

15

Dizem que a Segunda Vinda está próxima. Que está chegando o momento em que tudo será revelado. O Rastafári disse que retornaria depois de dois mil anos. E já se passaram mil novecentos e setenta e sete. Se o Rastafári quiser, ainda estarei vivo.

Eu gostaria que a virtude reinasse para sempre.

16

Meu futuro é em alguma região verde da Terra. Grande o bastante para eu poder perambular livremente. Não sinto que a Jamaica é o lugar certo. Preciso de um lugar novo. Etiópia. Aventura. Seria possível começar a viver. Sofri tudo isso na nossa vida... preciso de um pouco de aventura. A África é grande o bastante. A Jamaica é uma ilhazinha, sabe. Quando eu sentir que o trabalho que eu e eu fomos enviados para realizar estiver feito, eu e eu faremos as malas. Quando eu me sentir satisfeito e quando Jah me disser que meu trabalho acabou — pode ser no final da visita americana ou da visita inglesa — eu saberei. Depois que o maior número de pessoas possível tiver ouvido o que temos a dizer.

17

Os vampiros, a maior parte das pessoas por aí é negativa, mas o povo rasta pensa positivo. A maioria das pessoas na Babilônia deseja poder. O diabo deseja poder. Deus não deseja poder. Mas o diabo precisa do poder, pois o diabo é inseguro.

18

Somos o que somos. Nós fornecemos o caminho e a profecia o percorre. E assim atingimos a herança de nossa cultura, nossa antiga cultura na Terra. Tal como foi no início, será no final. A única chance de você sobreviver é conhecendo a verdade, e a verdade é que Deus disse que deu ao homem a vida eterna, ou seja, a vida imortal.

Digo que a minha vida aqui — esta carne — eu tenho de vivê-la. Jamais digo que não existiu medo da morte, mas eu não lido com a morte. Não tenho tempo para arriscar demais esta carne porque é com ela que tenho de lidar. O espírito é mais forte do que a carne, ou seja, a carne não é nada para o espírito carregar. Isso quer dizer que existe um modo de viver — um modo, cara, é possível. É aí que entra o rastafarianismo. Porque todos os outros pregam que,

quando você morre, vai para o céu. Não, eu não gosto dessa ideia. Porque, se quando eu morrer, for para o céu, então onde eu estava antes de eu ser? Se o céu é o lugar certo (onde eu estava antes de eu ser), então era lá que eu devia ter ficado.

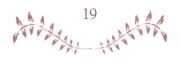

19

Às vezes Jah nos mostra as coisas antes que elas ocorram. Foi o que aconteceu antes do tiroteio naquele lugar. Tive um sonho em que eu ouvia muitos tiros. E aí a mesma coisa aconteceu. Uma visão, pois é. Foi um golpe de sorte. Simplesmente fiquei ali parado. O que eu senti na hora? Não sei dizer. Eu nem sequer estava lá. Houve um conflito. E depois não soube o que aconteceu. Mas eu lhe digo que, enquanto a coisa acontecia, uma verdadeira mística entrou em cena. Muita orientação e proteção de Jah. Os atiradores? Pegos? Assim disseram. Só que eu sei que eles não poderiam atirar no primeiro-ministro e simplesmente sumir. Mas tudo bem. Não quero que eles sejam encontrados agora.

Um rasta pode ser qualquer nação.

20

Minha mãe é uma cantora espiritual, tipo uma cantora gospel. Acho que foi assim que ouvi pessoas cantarem pela primeira vez. Comecei a cantar. Depois a compor. A tocar instrumentos. Sou um guitarrista autodidata. Não tenho religião. Só uma coisa natural que todo mundo supostamente tem. Agora, com o reggae temos uma música três em um: um ritmo alegre com um som triste. Boa vibração. Ritmo terreno. Raízes. Amo todo tipo de música, sabe. Mas o rock pede luzes de neon. Muitas luzes. Já no caso de uma boa música de reggae, entende, você pode estar em qualquer lugar. Pode estar nas montanhas. Eu só tento ser natural, me apoiar nas inspirações. Tenho muitos anos mais de música dentro de mim. Muita gente acha que o reggae vai acabar em breve. Mas essa música é a música rasta, e portanto não tem fim.

21

Muita gente tem coisas demais a dizer — e não sabe de nada.

22

Não me desvio das minhas raízes, e minhas raízes são Deus. Porém, entendo que um homem possa estar morto na carne e o espírito continuar vivo. Respeito minha carne e conheço meu espírito, e sei como ele é. Não acredito na morte da carne, nem do espírito. A preservação é o dom de Deus. O dom de Deus é a vida. A recompensa do pecado é a morte. Quando um homem pratica a maldade, ele está morto e esquecido.

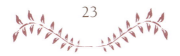

23

A morte não existe para mim. Conheço verdadeiramente Deus. Ele me deu esta vida. E por que deveria Ele tomá-la de volta? Só o diabo diz que todo mundo tem de morrer. A única chance de você sobreviver é conhecendo a verdade. E a verdade é que Deus disse que deu ao homem a vida eterna, a vida imortal.

24

Eu lido com um eu. Em vez de você, sou eu. Se ando pela rua e vejo um cara ser ferido, sinto aquilo na mesma hora... entende o que quero dizer? É por isso que eu não gosto de ver essas coisas. Eu as sinto. Às vezes até mais do que ele, o homem que foi atingido. Pessoalmente sou um homem que não é nada sem a inspiração de Jah. Deus é meu pai e ele me fez crescer exatamente como Seu filho deveria crescer. Ele não me diz nada sobre onde ou quando vou receber a coisa, não posso controlar isso. Eu recebo na hora certa, e cresço. O pai perfeito para mim.

A inspiração vem da visão.

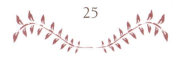

25

A música pode levar você a qualquer lugar. Portanto, pode muito bem levar você para o céu — para Zion. Em vez de levar você a todo lugar ou a alguns lugares que você não conhece. Precisamos de vibrações positivas. Não podemos ser ignorantes. Não podemos ter preconceitos, porque reservamos o julgamento para Jah. Precisamos querer cortar a negatividade completamente. É o que a sua boca diz que mantém você vivo. É o que a sua boca diz que mata você. E a mais grandiosa de todas as coisas é a vida. É algo em que Jah o colocou agora. Arranque para fora a maioria dos demônios. Derrote os demônios com algo chamado amor.

nly Marley is certain of winning radio airplay new releases, and without airplay it is next to ble to create an audience. The famous assas- attempt on Marley last year in Jamaica—in is life was saved only by his personal manager's ess to take five of the slugs that were meant for ician—underscores the problem facing all reg- sts: should anything happen to Marley, they deprived not only of an innovator, but of their ublic figure.

y's international status is currently at a peak. ing he became the only musician ever to be the Third World Peace Medal by the United The award marked a return to public life in by Marley, who had vowed not to see foot

that Marley's touring at all, considering the danger

The tension in Marley's public life coincides with change in the direction of his music: the new LP, Kay has little of the overt political content of his past wor exploring love and contentment. Marley's been cr icized for this turn, but as he said in a recent intervie "Me write about freedom, not about politics."

Perhaps it's appropriate that at this point in his c reer, Marley should finally be appearing in Santa Cr after two dates had been cancelled in the past years. The consensus in the local music community that Hector Lizardi, for whom this show will be his l independent production before joining the Bill Grah organization, pulled off a coup in getting Marley he Lizardi said, and Lenares confirmed, that Marley is

Albums

nding
m only

EY & THE WAILERS: 'Baby- (Island ISLD 11)

'bration'; 'Punky Reggae Party'; 'tir It Up'; 'Rat Race'; 'Concrete y Reggae' / 'Lively Up Yourself'; 'War' – 'No More Trouble' / 'Is eathen'; 'Jamming'.

ear three thousand people in the Odeon swaying in unison and rything's gonna be alright." This iant optimism that swept Bob the deprivation of Trenchtown e auditoriums of the '78 world

 No Yourself' from the 'Natty the six 'Dread' album still remain tracks, Marley has

committed to record. Since then he has explored rhythms, looked to Exodus, and featured with sensitive love songs, reference 'Kaya'. But never has he equalled the strength and youthful confidence he achieved on the Lyceum live album.

Bob Marley is no longer the musician cum poet / prophet (sic). He may have been the first on Radio 1 to chant the Rasta mes- sage when he was stran- ded in the Kingston Con- crete Jungle. Now he is public property. He has a responsibility to his new audience and his record company.

Maybe if Bob had not survived the assassination attempt, a martyred poet would have survived. As it is Bob Marley is stuck in the middle of the Atlantic on board a luxury yacht with a hole the size of the Empire Pool in its hull. He

BOB MARLEY

knows it's there and can't figure out how to plug it.

He struck the ice-berg 'Kaya' and has now padded it out with 'Baby- lon By Bus' wadding.

This is a double album recorded at unspecified venues in Paris, Copenha- gen, London and Amster- dam, according to the

sleeve-note note the town as appear in L banished t somewhere

The sleev production. like a bus cut-outs w the boys sit

26

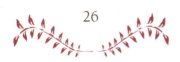

Se você está certo, está certo. Se está errado, está errado. Se jamais soubesse disso, jamais seria completo. Jamais saberia diferenciar o bem do mal. Mas não é bom só conhecer o bem. É melhor conhecer os dois: bem e mal. Assim você pode saber o que é o quê. Não se pode caminhar pelo mundo e fingir. Às vezes é preciso ser militante. Carregar e atirar e defender seu direito como povo: em meio à paz e ao amor. Ou em um sistema que é errado, mesmo que uma sentença de prisão caia sobre você, precisamos nos unir rápido. Sacou? E é isso aí.

27

Se você quiser usar *dreadlocks* isso vai lhe causar atribulações. As pessoas não vão querer lhe dar um emprego. Mas você sabe a diferença entre ser livre e estar na prisão. Por outro lado, há um bom número de falsos rastas por aí... nem todo homem que usa *dreadlocks* é necessariamente um rasta. Muitos homens com *dreadlocks* têm o coração maligno, são lobo em pele de cordeiro. Mas um rasta pode ser qualquer nação. Até mesmo qualquer raça. Desde que seu coração seja puro.

Acredito que somos crianças que viram Deus. O reggae lida com a realidade natural e é daí que vem a nossa força. O rastafarianismo acredita na Terra e não em mortais terrenos.

O homem é um universo inteiro em si.

ONE LOVE

BOB MARLEY returns to Jamaica for the 'One Love' peace festival. **JOHN SHEARLAW** reports

Throughout the late sixties and up until January this year conditions in Kingston had been worsening. Jamaica is an island of some two million inhabitants, of whom nearly half live in the capital city, unemployed, bad housing and poor wages led to an increase in violence in the Kingston ghetto, which recently led to the declaration of a National Emergency and the imposition of a curfew. "Under heavy manners".

Gun fights and shootings became commonplace, while the Government introduced a Gun Court in 1974 with the intention of indefinite detention for anyone carrying an unlawful firearm.

Bob Marley shot and injured at his home in Kingston in 1976, was one of the best-known victims — the shooting coming two days before he was due to appear at a rally in support of the People's National Party.

The treaty came "suddenly" in January, with Claudie Massop and Bucky Marshall shaking hands on a borderline street. Since then, on the surface at least, the guns have been quietened.

Shortly afterwards work began on the Peace Concert. Marley's appearance was the subject of negotiations in London earlier this year. "We discussed it with the youth first," said Massop in Kingston on the eve of the concert. Then we talked with Bob. He accept every move."

"We want the concert to go all over the world y'know. People will have the spirit behind it."

All members of the Peace Committee were agreed on their aims and objectives, the instigation of the ghetto and the unification of action, committed to "a somewhat unclarified but apparently genuine, "people's power".

We were talking at Island House, the record company offices in uptown Kingston. Marley himself was around, smiling, red-eyed and skilfully avoiding the attentions of the Asian posse of "foreign journalists" drawn by the concert. Jah presence — and the resultant "best behaviour" of everyone involved in the concert (including the audience) — was continually emphasised.

Massop continued: "Reggae music bring peace, seen? Local artists for local people. The whole movement comes from God. Jah doing it through the power of His Majesty Selassie I."

"The show is for one-ness, togetherness and unity," he concluded.

Bob Marley, meanwhile, had split for the beach....

JAMAICA is the home of reggae and Rastafarianism — the two now inextricably linked. The further now approaching the island's third biggest industry (behind bauxite and tourism), produces some of the best music in the world. Immediate and impressive, seen?

The latter is a faith, or cult, originating in JA, It's members believe that Haile Selassie is the black Messiah who appeared in the flesh, for the redemption of black people exiled in the world of white oppression. Eventually they believe they will be repatriated, for the moment they live in a "land of oppression — Babylon". To many Jamaicans is Babylon...

Principally recognisable by their "dreadlocks", the red, green and gold colours, and the ritual smoking of large amounts of ganja, the Rastas now appear at all levels in Jamaican society. The last obstacle to acceptance lies with the ganja — still illegal in Jamaica, although it forms in the Bible in Vastquantities.

"If mipiral use it, I grow like a tree," as Marley pointed out.

Yet, while Marley and others' adoption of Rastafarianism has fuelled the movement respectability with the authorities, no movement towards decriminalisation seems likely. Serious ting?

Some estimates now gauge that six out of every 10 Jamaicans belong (or are sympathetic) to the faith. Haile I, as the most important one indeed first, indigenous culture in Jamaica has now visible begun to carry the banner of social change. This although the musical leaders, and Marley in particular, emphasise their non-political stance.

Which leaves the real situation as hard to understand as a cloud of ganja smoke erupting from a fired-up chalice.

The Government party are committed to radical social changes — already the ghetto dwellers have turned their back on "Trifical War" for social change quickly. And somewhere in between lies the hopeful unity (Marley's "unity") with reggae, Rastafarianism and discipline.

"One Love". The healing of the nation.

So, as they say, there we were. Plane loads of "foreign journalists" (distinguished or otherwise) descending on Kingston for the concert. "You come for Marley?" The constant request. And the real hype? We write nice things about Jamaica, "everything cool then"...

And, of course the constant paradox. "Baldhead no' head dreadlock." Whites are conspicuous in Kingston. For half the (Press) party paranoia ruled. You don't go out of a cab in downtown Kingston at night. Fair enough. (As a journalist was confronted, in the middle of the day, by three people wielding planks with nails. Other luducrous stories abounded. "Muggers" were imagined at every corner.

On one visit we strayed on foot from the main market only to be turned back by a police wagon whose occupants warned. "You go back man, you be careful". Parts of Kingston are dangerous; it's a big city.

Ultra-conscious, too, of its own problems. Take this from the (left wing) Daily News. "Atop our wedding 'colours', the story led. "The unrest in downtown Kingston (see above) could be the firstrumble of the volcano... action is needed now to stay the tidal wave that is threatening.

But deeply an underlying heaviness the island, and the city, is unique. For a start there's reggae and that's enough. Third World emergence, Cuban influence, social upheaval, what you can't take away the music.

CONTINUED PAGE 10

Estes são os últimos dias. Tudo vai ficar bem. É, é, cara. Tudo vai ficar bem.

Sei lá, muita coisa pode acontecer, pessoas morrem, não voltam mais. É quando você se depara com isso que enxerga o que enxerga. Porque Deus não é parcial. Ele lhe dá a vida, lhe dá a liberdade. Você pode odiá-lo se quiser. Pode amá-lo se quiser. Pode respeitá-lo se quiser. Pode conhecê-lo se quiser. Pode fazer qualquer coisa. Sabe, Deus é um homem muito generoso. Ele lhe dá você mesmo e depois lhe dá o universo. Tudo vai ficar bem.

28

Você vai para a igreja, sai e vai trabalhar. Bom, essa não é a minha. Religião é algo que pode causar julgamento e atribulação. Eu e eu... não eu e você, e eles. Eu e eu somos um só. Precisamos lidar com o Uno. Isso significa que, se a guerra não é para o homem negro, ele então deve ensinar o homem branco o jeito melhor. A verdade corta fundo, entende. Quando você mata um cara, o cara está simplesmente morto. Mas, quando você conta a ele a verdade, isso dói por dez anos. É só olhar as crianças que nasceram agora. Elas nascem sábias. Eu sei disso como rasta: meus filhos crescem no bem. Eu mostro a eles o mundo lá fora, e a liberdade que eles têm dentro do mundo. Sou rasta; e rasta é rasta. Sei que nasci rasta. Eu me libertei e me eduquei... levou muito tempo, antes mesmo de eu começar a falar aqui um pouco da história negra.

29

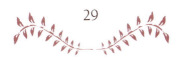

Eu realmente não vim para falar para os grandes, sabe. Vim para falar para as crianças que ainda não ouviram isso antes. Ou seja, digamos que tenho de tocar para que, quando o grande irmão compre e leve para casa, as criancinhas entendam. Não vou levar isso a nenhum lugar onde as crianças não possam entender, porque as crianças são o mais importante no momento. Então a única coisa que você pode fazer é educá-las. Mostrar o homem negro, o branco, mostrar o chinês, todos eles. E você na Terra, você se movimenta numa única consciência. Tipo, digamos, alguns acham que pertencem a algum outro lugar que não aquele onde estão; bem, a coisa não funciona assim. E repare: o Black Power e movimentos do tipo não funcionam. É preciso fazer algo mais difícil que isso. As pessoas que lutam contra você... você precisa entender por que elas lutam contra você. É por isso que às vezes, quando eu toco, você pode encontrar gente branca por lá. Preciso parar de chamá-las de gente porque isso é enquadrá-las. Elas são eu e eu; e eu e eu. Um só homem forte.

16 Atlanta Gazette November 29, 1979

Records

Bob Marley's Survival is essential

Bob Marley and The Wailers: Survival (Island): Bob Marley told me recently, "I no make dis [sic] music [reggae] for fun. It's the music I need to ride the message along, and the message is that our time for revolution is now." Tough words from one who on his last studio album asked "is this love that I'm feeling?"

Marley's current militant fever is not as blatant on his latest release, **Survival**. His anger is subtly disguised by a plaintive, often childlike voice that integrates a purely native sounding music tending to soften potential impact.

On the surface, **Survival** recalls Marley's pensive moody classic of 1977, **Exodus**, not so much in instrumentation but in Marley's condemning yet articulate stab at the capitalist system or "Babylon." Marley's artistic militancy often draws criticism for being harsh or brutal. However, like Bob Dylan, Marley is a

keyboard and guitar rhyth sparkles, especially on "Wake And Live," and the sweet, s sea breeze whisper/scream "Babylon System."

Marley's production te niques have matured notably a finally present a deft balance words and music. The Waile manipulate moods, unlike p vious albums where a great d of music compromise dominate The band now operates on seve authentic island vibratio Marley's not trying to s anything by you, he's no lon begging for attention.

Numerous ears and feelin will undoubtedly smart fr **Survival's** frank assessment life during wartime. (Neyeswa

DEC 6 1979

30

Essa mensagem — "I Shot the Sheriff" [Eu atirei no xerife] —, é uma espécie de afirmação diplomática. É preciso meio que sacar as coisas. Eu atirei no xerife é tipo: eu atirei na maldade. Não é exatamente um xerife; são apenas os elementos da maldade, entende. Como a maldade pode acontecer... As pessoas julgam você, e julgam você, até que um dia você não aguenta mais e explode. Simplesmente explode. Então essa canção realmente transmite uma mensagem, sabe. Clapton me perguntou sobre ela porque, quando ele terminou a música, não sabia o que ela significava... Ele gostava do tipo de música e gostava da melodia e então gravou "I Shot the Sheriff". Não sei se foi porque Elton John disse "Don't shoot me, I'm only the piano player" [Não atire em mim, eu sou só o pianista], ou porque Bob Dylan disse "Take the badge off me, Ma, I don't want to shoot them anymore" [Tire esse distintivo de mim, mãe, não quero mais atirar neles], e aí veio esse homem e disse "I shot the sheriff" [Eu atirei no xerife]. Essa canção nunca caiu bem com ninguém a não ser Eric Clapton.

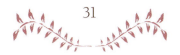

31

Toda música que cantamos se realiza, sabe. Todas acontecem na vida real. Algumas vêm cedo demais. Outras acontecem imediatamente. Mas todas acontecem. "Burning and Looting" aconteceu. Tanto tempo, é uma pena. O toque de recolher, é, cara, tudo isso aconteceu. A mesma coisa com "Guiltiness". Esses são os peixes grandes que sempre tentam engolir os peixes pequenos; eles fariam qualquer coisa para materializar todos os seus desejos. Sempre existem peixes grandes porque eles os fabricam. É só isso. Não preciso cantar mais nenhuma canção. Somente aquele verso: "Guiltiness rest on their conscience" [A culpa repousa na consciência deles].

32

A Jamaica é um lugar onde você aprende a adiar as coisas. Nada tem tanta importância assim. Nos Estados Unidos, você precisa conquistar, precisa conquistar! As pessoas vêm dos Estados Unidos para a Jamaica e dizemos: por favor, não corra tanto. Uma moça me disse: "Que droga, só tem um telefone na Jamaica. Eu moro em uma casa com vinte telefones, e só tem um telefone na Jamaica." Muita gente me diz: "Ah! Seu tonto! Seu Deus está morto". Isso é uma tolice tão grande. Besteira. Como é que Deus pode morrer, cara? Esses jornais não entendem nada. Ou então querem esmagar meu pensamento e transformá-lo em pó. É engraçado; foi por isso que compus "Jah Live". Outra canção do novo álbum [*Rastaman Vibration*] é "Crazy Baldhead". Sabe, a gente precisa expulsar esses carecas malucos da cidade. Essa música é sobre o sistema e o que está acontecendo por aqui. Por exemplo, construímos o chalé, plantamos o milho. Construímos um edifício alto em Kingston. Nossa gente foi escrava desse país. Falou?

Hoje eles nos olham com desconfiança, mas mesmo assim comem todo o nosso milho. Construímos o país, mas sempre tem os caras que olham um rasta e dizem: "Oh, rastas, eles não prestam." Vá ao porto de Kingston e a New Kingston que você vai ver.

Funky Kingston

from previous page

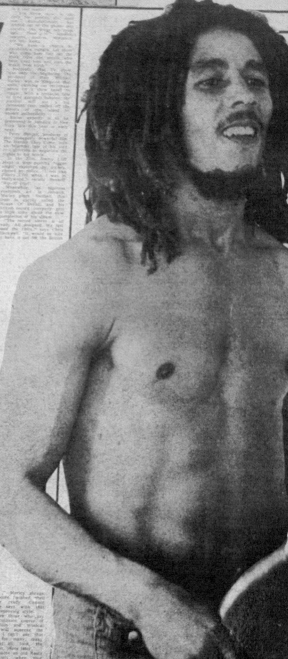

33

Não se ensina as pessoas a estar em paz. A educação está toda errada. Todo mundo quer o maior carro, a maior geladeira. É louco, cara.

É desse sistema que eu falo sempre. Se Castro ajudar a Jamaica, a Jamaica vira socialista. Se os Estados Unidos ajudarem a Jamaica, ela vira capitalista. Suponha que a Jamaica vire rasta: ninguém vai estar nem aí.

Todo mundo que diz que a Etiópia está passando fome poderia ajudar a alimentar o povo. As grandes nações não querem dar nada se a gente não levar junto também o capitalismo ou o comunismo. A humanidade faz isso com a humanidade. Seja na África, na Rússia, onde for. É só a humanidade da face da Terra.

O homem será mais bondoso com o homem...

LIVELY UP YOURSELF

Idris Walters on the music, the
Rasta background of Bob
The Wailers.

The Wailers make a psychic ra
music. It ties knots in the inte
ates clots in the brain and grea
new set of muscles. But it is '
stampede'. It *belongs to a com*
it *speaks for a com*munity.

The Rastafarians are a Wes
community ranging from a di
vincing religiousness through a
style to a pithy middle-class t

In a sense we are stealing th
community. At present, the c
of Rasta music and Rasta obsc
happens to sell records to whi
buyers; but as with the music
cultural phenomena (Haight S
Biriani Indian Classical, The N
The Singing Plumber, Vegetar
O'Boogie, Hare Hare Streetwa
there is danger on the edge of
the Wailers have an important
hang on to. Watch out Caesar'
Watch out Batley Variety Clu

* * *

Bob Marley and The Wailers a
Jamaican rock and roll band (s
Classical JA Music or whateve
finest Jamaican rock and roll;
viscous and the murkiest. As a
spectacle, they project the hea
image; they made the music ar
their very own and continue to
fort with an excellent new alb
Dread, on the Island label.

The Wailers have a notoriety
and a bag full of receipts for d
the crookedest business since r
indulgences. They might as we
the mid-Atlantic's greatest roc
since Jimi Hendrix hung up hi
band gear and sold his gypsy se
industry.

Bob Marley is a good old fa
Leader of the Pack. He's a Ras
protects him from the Pressure
calypso music that his father p
him, he comes out of the Tren
ghetto, he's black, he's proud.

The Sardine Lift

Rastafa anism is many things
a Revolution, a hip escape rou
Power sideshow, a funky Chris
world-scale nuance of some sig
source of Music, a good cover,
Candle down a middle-class tro
ecological adventure playgroun
way its commitment justifies se
eration. Whether a black and c
Ex-patriot Ethiopian Trade Un
Club or just one undercurrent
thousands that western society
cratic Electronics Inc) chooses
tolerate at its own risk, it has d
contributed some rock thundes
kind of chronology:

1565: Queen Elizabeth I blows
grants Charter to infamous Joh
to sardine-lift Maroons and Cim
Africans across the Atlantic on
Jesus of Lubek. Chains and thi
1920s: Marcus Garvey, estrange
evangelist, hustles around Harle
message that Black King will be
in Africa and that He would br
people home again. See Revela
Chapter Five. Convenes Univer

34

Quando jovem, sempre fui ativo, nunca preguiçoso. Aprendi um ofício: a soldagem. Então lidar com esse tipo de coisa faz parte da minha parada. Gosto de lidar com peças, de trabalhar com peças. E nunca liguei muito para isso porque só fiz isso o tanto que quis fazer. Sempre que ficava de saco cheio não procurava emprego. Venho do campo e o campo é sempre bom. Você planta tudo. Você não precisa se matar para conseguir uma casa ou ter dinheiro. Pode comer, tomar banho, costurar suas roupas e construir a sua própria casa. Mas, numa terra estranha, você não consegue encontrar um lugar, nem se assentar. O melhor caminho para sair dessa é se organizar e ir embora.

BOB MARLEY: IN RETROSPECT

BY PATRICIA SPENCE

Now on the lp "Exodus" his lyricism crystalizes itself in two forms. The first surfaces on the two beautifully simple songs "Waiting In Vain" and "Turn Your Lights Down Low," where Marley is at his sensitive best. The second comes out on "So Much Things To Say" and "Guiltness."

However, whatever's new and different about "Exodus" it certainly reverberates Marley's continued musical growth as well as his eagerness to capture a larger market. (The title track breaks well into the disco medium). Although I still think the best is yet to come and that perhaps another milestone album is on the horizon.

MARLEY'S DREADLOCKS

Although we in the U.S. won't get the opportunity to see Marley perform any of his new material due to his toe point in his career. For one thing, he's captured worldwide media attention as a result of that unfortunate shooting incident in his home earlier this year. But more recently he seems to have fallen victim to that same media's manipulation and distortion. It's been reported in the papers that Marley's cut his dreadlocks, significant in only that as a reputed rastafari this would be considered the act of a heretic. Other publications paint him as some sort of "revolutionary lover" reporting he likes music, soccer and women in that order. The press certainly haven't been taking him seriously a factor which may in the long run prove to be undermining. Marley may have to take them seriously to protect himself from such media manipulation if he wants his reputation to remain intact.

LONDON CONCERT

Luckily I had a chance to view a video tape of his London concert staged in May of this year. Frankly I found him in good form. He was his usual self, totally in control slowly building his repertoire of songs to a fever pitch and making it seem so terribly easy. Beginning with an oldie but goodie, "Lively Up Yourself" during which his apparently new American lead guitarist, Junior Marvin, offered some antics of his own, he moved on to the crowd pleaser "No Woman, No Cry" during which he really loosed up and paved the way for the one song that invariably prompts audience participation "Get Up, Stand Up."

35

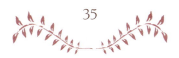

O jogo é a sobrevivência e vai ficar muito mais difícil no futuro. O rasta só vê a luz da verdade e da realidade, mas há muitas pessoas cegas que ainda não viram a luz. E são essas pessoas que o sistema da Babilônia enganou... pressões econômicas, empregos das nove às cinco. Digamos que você passe o dia todo em uma oficina metalúrgica. Se parar para pensar em qualquer outra coisa, sua mão vai acabar decepada. É assim que a Babilônia controla a sua mente. Que o sistema marca você... o dinheiro pode ser a coisa mais importante do mundo para alguns, mas não para mim. É verdade, o dinheiro não faz você sofrer; o dinheiro não faz você não sofrer.

O dinheiro é tolice. Acredito que a única coisa que realmente importa para um homem é encontrar o modo de vida e viver de acordo com o que ele acredita. Se ele fizer isso, então tudo mais que fizer será bom.

We are
the children
of the Highe
man

36

Minhas músicas carregam uma mensagem de virtude, não importa se você é branco ou negro. Veja bem, cara, você sabe que não tenho preconceito contra mim mesmo. Bom, eu não pendo para o lado de ninguém. Não pendo para o lado do homem negro. Nem para o lado do homem branco. Estou do lado de Deus, o homem que me criou, que me fez vir do branco e do negro, que me deu este talento. O preconceito é uma corrente; pode prender você. Se você tem preconceito, não consegue se mover. Não vai a lugar algum com isso. Eu gostaria que as coisas mudassem sem sofrimento. Gostaria que a virtude reinasse para sempre. Deixe que a virtude cubra a Terra como a água cobre o mar.

Somos os filhos do Altíssimo.

37

Quando fui à Etiópia, vi um quadro em vermelho, dourado e verde. Parecia ter uns 45 anos, a cor desbotada. E quando você vai à Jamaica, cara, vê o vermelho, dourado e verde do mesmo jeito; portanto, seguimos vivendo, entende, temos nossa vida. Tudo que o vermelho, verde e dourado atravessa parece julgamento. Porque quando esta Terra fizer pairar a bandeira vermelha, dourada e verde em toda parte, você vai saber que o julgamento estará acontecendo. Quando eu era um jovem rasta, só tentava curtir o que eu fazia como rasta. Quando via qualquer coisa vermelha, dourada e verde, eu prestava atenção, tipo, era como uma mensagem. Quando olho para a rua da vida, vejo que o vermelho, dourado e verde dominam a Terra. A toda parte que vamos no planeta, o sinal de trânsito é vermelho, dourado e verde. É científico, e é psicológico. Você vê os sinais de trânsito pararem no vermelho, amarelo e verde. É uma coisa de controle que você carrega numa caixa de memórias.

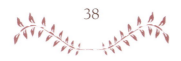

38

Você precisa se unir com os outros através da paz. Precisa se unir através da guerra... Queremos nos unir, e, quando nos unimos, eles veem o quanto somos fortes. Mas se nos dispersamos... os inocentes acabam feridos. Loucura. Eles não podem vir e tratar eu e eu assim. O julgamento será terrível: a humanidade matando-se uns aos outros. E isso... é exatamente a última coisa que o diabo poderia tentar fazer para separar as pessoas.

39

Eu não jogo; sabe, é o rastafarianismo. Os homens na Jamaica dizem que ganhei um cavalo de corrida. Eu? Cara, eu, cara, sou um santo. Meu único vício é mulher demais. Fora isso sou um santo para todas as outras acusações. Uma vez Sua Majestade me deu uma visão. E disse: "não jogue, e não se envolva com cavalos de corrida." Deus, Sua Majestade, está sempre aqui do meu lado. Nasci com um propósito, então quando falo de Sua Majestade, Jah Rastafári, sou uma prova viva. Defendo o rastafarianismo. Veja como eles criticam o rastafarianismo — não adianta. Dividem para governar. Pressionam as pessoas a se ajoelhar diante da Babilônia. Mas eles não podem me fazer ajoelhar. Eu conquistei a Babilônia e todas as suas riquezas.

miles, | dealing in the most insidious | now — what a hunk of old | performer first for...
but" | form of racism there is — | baloney, ho-ho — must be the | Rainbow last Wednesday
more to | 'inverse racism' — and you're | most openly despised toon you | cut through, and cried
would | an arsehole. Period. | could parade before a self- | and passionate over an incred-
bout a | Just zero back to those two | consciously hip pair of ears right | ibly 'full' sound, when one
when it | opening song quotations and | now. But hold it right there a | acknowledged that the basic
Mark | we can start to bring Mr. Bob | lie. Let's just take the chorus | muscle at hand came courtesy
ling at | Marley, and ultimately his | fully intact, change a couple of | of a mere four-piece band, the
locked | concert at the Rainbow last | references in Ms Mitchell's | impeccable Barrett brothers
order- | Wednesday, into the picture. | original to a more JA- | rhythm section, as devastat-
o and | "Exodus", the title song | orientated bent, add a simmer- | ingly rock steady as ever

Festival med Bob Marley

Lørdag 1. juli 1978 • POLITIK

S ROCK REGGAE

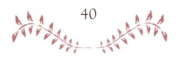

40

Que manhã gloriosa quando chegarmos à costa da Libéria e contemplarmos um tempo em que os homens negros não precisarão mais chorar. Contemplarmos essa grande lua cobrindo nossas próprias terras e a grande lua subindo no topo da montanha e nas terras que são suas, e ninguém vai perseguir você, e você não vai quebrar nenhuma lei. E foi dito: que seja feito. Somos os filhos do rasta.

Se eu posso me unir comigo mesmo e me sentir tão bem, imagine se todos nós nos uníssemos, como seria boa a sensação. Jah me trata bem. Eu, cara, me sinto honrado...

Muita gente lê o horóscopo, mas todos esses signos não são nada além de deuses romanos... porém, quando você sabe que é um dos 12 filhos de Jacó, então se reconhece enquanto africano. O homem é um universo em si.

My heart

can be hard
as stone

and soft
as water

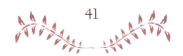

41

Quando olho a Terra vejo que as pessoas não conhecem suas raízes. A humanidade não conhece suas raízes. Quando penso, vejo que na última destruição um homem foi salvo, e foi Noé. E com ele três filhos: Cam, Sem e Jafé, e suas mulheres. Todas as pessoas da Terra vêm dessa gente e de suas mulheres. O errado é a humanidade achar que existe alguma diferença. Tipo, que um deus criou algumas pessoas e outro deus diferente criou as outras. Quando foi um só Deus que criou todas as pessoas. Entendo algo universal: que todas as pessoas têm um pai, e ele é Noé. Noé foi salvo na época do dilúvio. Portanto, as pessoas vêm de um só pai. Portanto, esta é a única maneira de elas se unirem: conhecendo seu pai. Bom, Cam é o homem negro. Sem é o homem da Ásia. Jafé é o homem branco. Só que

---

Meu coração pode ser duro como pedra e suave como água.

eles nunca vieram assim, um branco, um marrom e o outro negro. Eram todos negros, mas se mudaram para um clima diferente. Noé deu a Europa a Jafé; e a Europa é fria. Ele se mudou para lá e sua pele se tornou cada vez mais clara; os brancos se incluiriam se percebessem que suas raízes são as mesmas. De Jafé obtivemos a bênção da tecnologia. Obtivemos a bênção da sabedoria de Cam e de Sem. A divisão começou naquela época — os brancos ficaram com a Europa, os negros com a África e os marrons com a Ásia. Mas, se você não acredita em Noé, do jeito rastafariano... você está perdido.

barn.

Men så är förutsättningarna också alldeles utmärkta.

● **Martin Scorsese**, som regisserat, tillhör ju senare års uppmärksammade nykomlingar genom "Alice bor inte här längre" och "Taxi driver". Men han var också med och gjorde "Woodstock" och "Elvis on tour" — så han vet vad det handlar om.

● **The Band** är inte heller några färskingar. Under de senaste tio, tolv åren har de varit en av de mest betydelsefulla och framgångsrika internationella rockgängen.

De kompade Bob Dylan när han började satsa på rock och elektriskt i mitten av 60-talet, de har gjort ett halvdussin mycket personliga och skickliga album.

Men nu har de tröttnat. Åtminstone på alla turnéer. Samtidigt som de är lite skraja för att sluta som andra storidoler — **Jimi Hendrix, Janis Joplin, Elvis**.

NOSTALGITRIPP

Så efter 16 år på vägarna — från skabbiga sylfor till gigantiska arenor — ger de en avskedskonsert där det hela började på Winterland i San Francisco inför 5 000 middagsätande och med ett dussintal rocklegender på scen:

● **Bob Dylan, Muddy Waters, Eric Clapton, Neil Young, Joni Mitchell, Neil Diamond, Ronnie Hawkins, Emmylou Harris, Van Morrison, Dr John, Paul Butterfield, Ringo Starr, Ron Wood**.

Namn som är rena nostalgitrippen för fullvuxna rock-

MADISON, WIS., WEDNESDAY, MAY 24, 1978 — 59

ry, Marley

42

Selassié disse: "Até que a filosofia, que diz existir uma raça superior e outra inferior, não for finalmente e permanentemente desacreditada e abandonada, não haverá paz." Não foi nenhuma outra pessoa que veio me dizer isso.

Fui a Nova York, olhei ao redor. Esses lugares foram construídos muito antes de Nova York — a grande Jerusalém e todos esses lugares. O mesmo arquiteto que construiu Jerusalém veio aqui e construiu Nova York. O mesmo povo trazido como escravo... queremos que as pessoas saibam dessas coisas... o noticiário não lhes diz nada. O noticiário lhes diz que 17 canhões dispararam no Oriente Médio e que há guerra. Não querem saber da pura corrupção e da pura matança. Querem saber do futuro. Meu filho de 7 anos não quer saber de nenhuma guerra no oeste da China. Queremos ouvir que vamos para um gramado verde brincar.

al moments of everyday life,
Wailers and the I-Three are
togetherness. They travel
school of fish through
It seems the idea of family
entral to their lives — not
arrow western sense of the
is brethren operate along
s of the extended family
they always look out for
hey give each other a help-
mple: Marley, when on the
same Greyhound bus that
ree and chosen devotees
s a dressing room with the
and, eats the same food as

teem Marley receives from his p........
moment, Marley was holding down the
dance floor, dancing with Diana Ross' sister,
Rita. As I watched Marley shake his head and
stomp the floor in some way-out Indian war
dance, the last words he spoke to Mo and
me floated in my head. "We are going to
deal with that generation war. Them are going to deal with gun-war. We are going to
deal with that generation. This is the generation that seeks God! Them can do nothing
for to stop me or hurt my feelings. And me
sing any music me want to sing, 'cause me
not singing for them. Me know who me sing
for. His Majesty the Almighty, mon. It's a
war, mon. It's a war. I, mon, a fighter."

SOUTHWEST CONCERTS Presents
BOB MARLEY
& THE WAILERS
MUNICIPAL AUDITORIUM

JULY **27** 1978

AUSTIN, TEXAS
THURSDAY
8:00 P.M.

Entertainmen

the minneapolis star ⬥ wednesday, may 31, 19

Reggae singer

43

No meu sonho — no sonho de todo rasta — vou para casa, para a Etiópia, e deixo a Babilônia, onde os políticos não deixam eu e eu sermos livres, e vivo do nosso próprio jeito honrado. É por isso que vou comprar um terreno e trazer minha família de volta comigo. Porque a Babilônia cairá. É verdade, tanta maldade precisa ter fim — mas quando? Eu e meus irmãos não desejamos esperar mais. Nosso Jah nos diz para ir para casa, para nossa Etiópia, e deixar que a Babilônia pereça em sua própria maldade. Não sei por quê, mas assim tem de ser. Pode levar muitos anos e talvez seja necessário que se derrame sangue. Mas a virtude um dia vai prevalecer. A toda parte que vou... quando tocamos fora da Jamaica no mundo inteiro, vejo irmãos com *dreadlocks* em toda parte, crescendo fortes como talos de ervas no campo. Alegra meu coração ver esses belos *dreadlocks* em toda parte, crescendo fortes. É o futuro. Vai ser bom... um começo. Primeiro eles deixam crescer os *dreadlocks*, em seguida vão entender a mensagem e ser virtuosos.